Diese Publikation erscheint anlässlich der Einzelausstellung

UTA SCHOTTEN MMXVI

galerie**biesenbach**

Transformation 2016   Enkaustik und Öl auf Leinwand, 70 x 80 cm

Für mich beruht Uta Schottens Kunst zu Anfang auf der intensiven Erfahrung des Schmerzes einer geraubten Kindheit,
wonach ein Mensch manchmal nicht mehr weiß, wer er selbst ist.

Ebenso stark auf dem großen Glück, einen tiefen Blick in den autonomen Kosmos der Malerei genommen zu haben.
Der Malerei mit ihren Zeichen, Flecken und Farben, kurz ihren Taches und ihrer direkten Wirkung auf jeden Betrachter.

Als sie diese Wirkung erkannt und ihre Herstellung begriffen hatte, hatte sie plötzlich die Möglichkeit gefunden,
ihren Gefühlen Ausdruck zu verleihen und sie für sich und andere sichtbar sprechend zu gestalten.

Darin liegt für mich die Anziehungskraft ihrer Bilder.

Und jetzt sehen Sie sich diese kleinen Skulpturen an, die nichts anderes sind als die Abformung von Natur
und fast ohne jeden gestalterischen Eingriff der Künstlerin leben.

Diese kleinen Bronzen strahlen für mich eine unendliche Zärtlichkeit aus.
Wenn Sie das begreifen, ahnen Sie vielleicht, was Liebe ist.

M.T. Alaska

o.T. 2016   Enkaustik und Öl auf Leinwand, 70 x 80 cm

o.T. 2015   Enkaustik und Öl auf Leinwand, 65 x 80 cm

In unvergesslicher Erinnerung an eine Verabredung, durch die ich mich selbst erkannt habe – einer Begegnung, die mich daran erinnert hat, wer ich bin.

Es bedarf im Leben keiner Versuchsanordnung, keiner Logik. Das Leben will nichts beweisen.

Alles ist möglich im Hier und Jetzt in Abwesenheit von Raum und Zeit. Kunst ist Leben aus dem Geist der Intuition.

Die Intuition ist die einzige Möglichkeit menschlicher Wahrnehmung, die über die Logik des Verstandes hinausreicht, um Dinge mit anderen Augen zu sehen.

Ich mache meine Erkenntnisse, meinen Blick auf die Welt, auf der Leinwand sichtbar. Handwerk, Technik, Effekte interessieren mich nicht. Ich kehre der Welt den Rücken, um meiner Intuition, dem Erkenntnisprozess zu folgen.

Die Auseinandersetzung mit mir selbst ist wesentlicher Bestandteil meiner Arbeit.

Malerei ist gnadenlos, direkt und pur, sie spiegelt das Sein. Hier gibt es kein Verstecken hinter technischem Vehikel.

Malerei ist das Schweigen des Verstandes. Malerei kann nicht erdacht werden.

Das Menschenleben dient der Entwicklung der Seele. Ich habe die Malerei dafür zu meinem Spielfeld erklärt.

Der Kopf verlangt nach Logik und Worten. Das intuitive Wissen ist Gefühl.

Das Gefühl führt mich zu meiner Wahrhaftigkeit. Die Intuition ist weiser und intelligenter als Du und Ich.

Was ich fühle und sehe, muss nicht analysiert, nicht interpretiert, nicht diskutiert oder mit dem Kopf verstanden werden.

Ich male es.

Uta Schotten

o.T. 2016 Enkaustik und Öl auf Leinwand, 70 x 80 cm

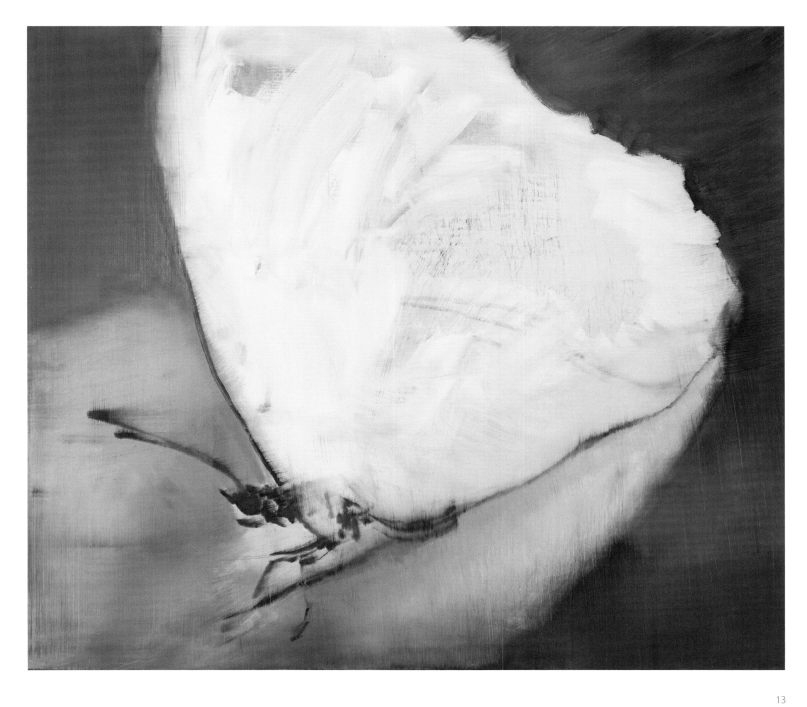

o.T. 2016 Enkaustik und Öl auf Leinwand, 40 x 50 cm

Winterlandschaft 2015   Enkaustik und Öl auf Leinwand, 50 x 60 cm

o.T. 2016   Enkaustik und Öl auf Leinwand, 50 x 60 cm

o.T. 2015 Öl auf Leinwand, 65 x 80 cm

o.T. 2016 Enkaustik und Öl auf Leinwand, 70 x 80 cm

o.T. 2015 Öl auf Leinwand, 65 x 80 cm

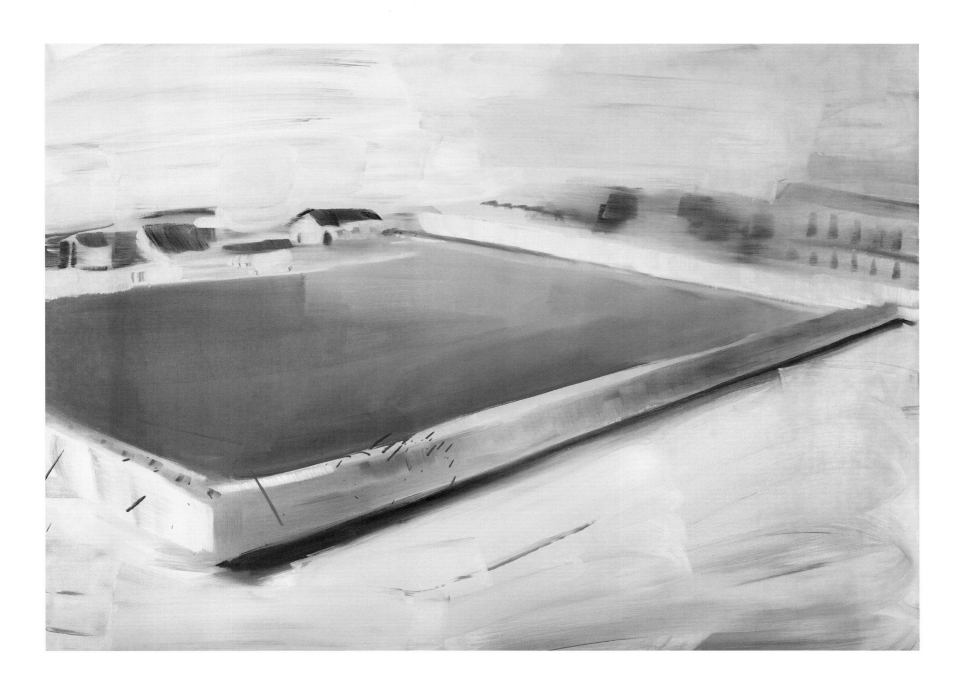

o.T. 2016 Enkaustik und Öl auf Leinwand, 50 x 60 cm

o.T. 2015   Öl auf Leinwand, 50 x 60 cm

Memories of Skin 2016   Öl auf Holz, 30 x 40 cm

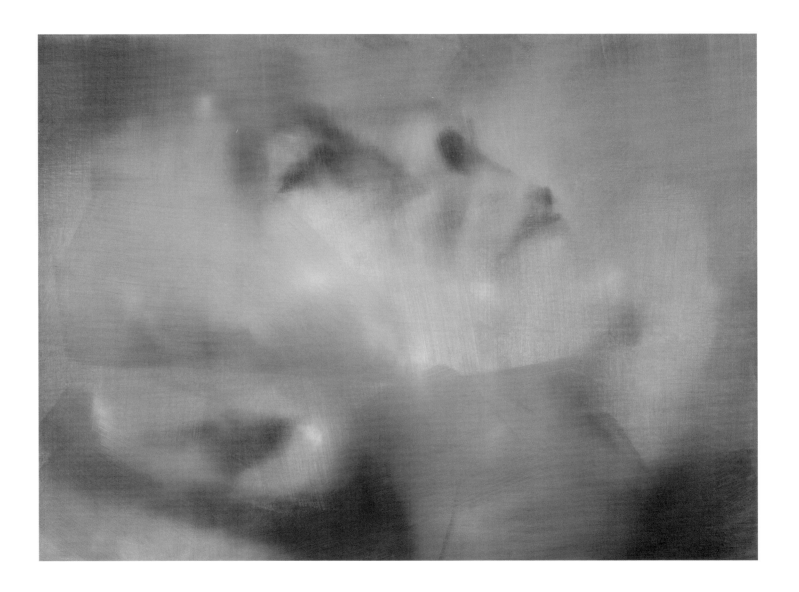

o.T. 2016 Enkaustik und Öl auf Leinwand, 40 x 50 cm

o.T. 2016 Öl auf Leinwand, 50 x 60 cm

o.T. 2016   Öl auf Leinwand, 40 x 50 cm

Fracking 2015 Enkaustik und Öl auf Leinwand, 65 x 80 cm

o.T. 2016 Enkaustik und Öl auf Leinwand, 50 x 60 cm

o.T. 2016 Enkaustik und Öl auf Leinwand, 70 x 80 cm

o.T. 2016   Enkaustik und Öl auf Leinwand, 80 x 70 cm

o.T. 2016 Enkaustik und Öl auf Leinwand, 70 x 80 cm

Das Feld 2015 Öl auf Leinwand, 110 x 120 cm

o.T. 2015 Enkaustik und Öl auf Leinwand, 110 x 120 cm

Paradies 2015 Öl auf Leinwand, 50 x 60 cm

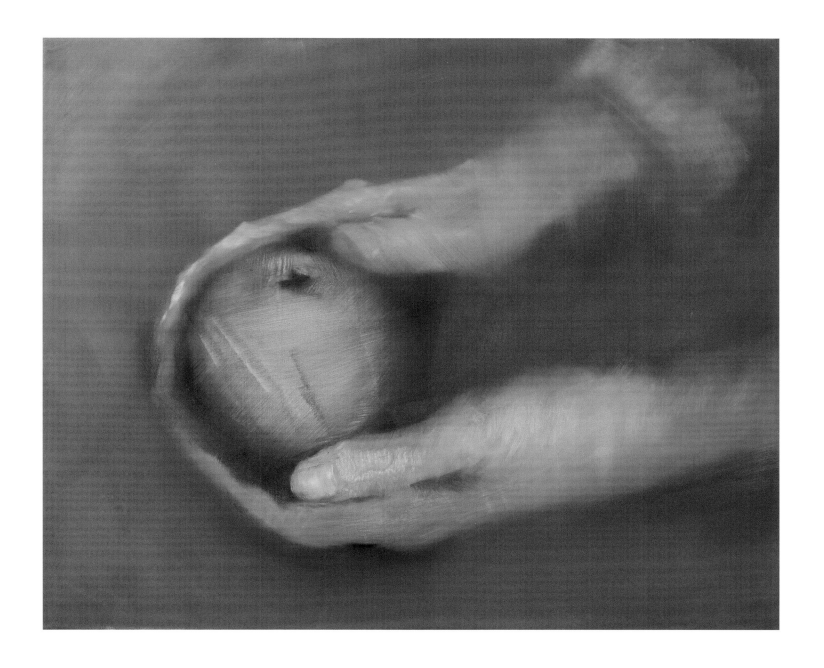

Uta Schotten

Absolventin der Kunstakademie Düsseldorf, Meisterschülerin von Prof. Siegfried Anzinger

*05.04.1972 in Haarlem, Niederlande

Studium der Freien Kunst
Hochschule für Bildende Künste Städelschule Frankfurt/Main bei Prof. Jörg Immendorff
Hochschule für Bildende Künste Braunschweig bei Prof. Hartmut Neumann, Prof. Steven McKenna, Prof. Arwed Gorella
Kunstakademie Düsseldorf bei Prof. Rissa, Prof. Siegfried Anzinger

1998 Ernennung zur Meisterschülerin von Prof. Siegfried Anzinger

1999 Abschluss des Studiums mit dem Akademiebrief der Kunstakademie Düsseldorf

Sammlungen (Auswahl)

Mittelrhein-Museum Koblenz – Stadtmuseum Siegburg
SØR Rusche Sammlung Oelde/Berlin – Sammlung der Roland Versicherung Köln
Sammlung der Sparkasse Köln Bonn – Sammlung Aurel Scheibler Berlin

Einzelausstellungen (Auswahl)

2017   Städtisches Museum, Kalkar – Galerie Heufelder, München
2016   Galerie Biesenbach, Köln – Kunsthandel Bamberger, Mannheim – Kunst Projekte Monica Ruppert, Mannheim
2015   Stadtmuseum Siegburg, Siegburg – Galerie Biesenbach, Köln – Galerie Hoffmann, Rheda-Wiedenbrück
2014   Mittelrhein-Museum Koblenz, Koblenz
2013   Sprungturm Ausstellungsraum, Köln – Galerie Hoffmann, Rheda-Wiedenbrück

Gruppenausstellungen (Auswahl)

2017   Frauenmuseum, Bonn – Akademie der Künste, Berlin
2016   Royal Academy of Arts London, London, UK – Galerie Heufelder, München – Galerie Supper, Baden Baden
        Kunst Projekte Monica Ruppert, Mannheim
        Galerie Hoffmann, Rheda-Wiedenbrück – Kunsthandel Bamberger, Mannheim
2015   Kunstgruppe Kunstverein, Köln – Galerie Biesenbach, Köln
2014   Mittelrhein-Museum Koblenz, Koblenz – Museu d'Història de L'Hospitalet, Barcelona
2013   Galerie Biesenbach, Köln – Maxhaus, Düsseldorf – Sprungturm Ausstellungsraum, Köln

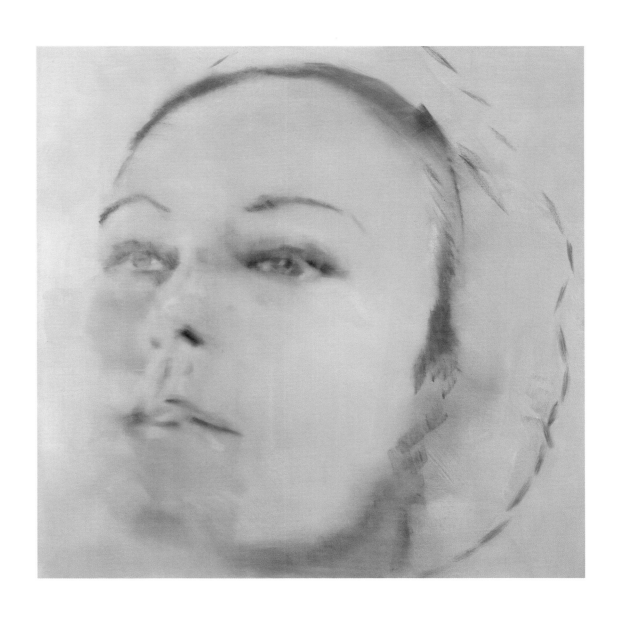

o.T. 2015 Öl auf Leinwand, 60 x 60 cm

IMPRESSUM

Herausgeber: Stéphane Biesenbach
Gestaltung: Uta Schotten
Fotografie: Fotografie Hessel, Köln / Dan Hummel, Köln
Lektorat: Hella Neukötter
Autoren: M.T. Alaska, Uta Schotten

Gesamtherstellung und Vertrieb
SPRUNGTURM Verlag
Yorckstr. 5
50733 Köln
Tel. +49 (0) 221/764784

info@sprungturm-verlag.de
www.sprungturm-verlag.de

ISBN 978-3-9818098-3-1

Printed in Germany
Diese Publikation erscheint anlässlich der Ausstellung
This catalogue is published on the occasion of the exhibition

Uta Schotten MMXVI
galeriebiesenbach 29.10. – 23.12.2016

www.galerie-biesenbach.com

With special thanks to:
Druckerei Schmidt GmbH & Co. KG

S
P
TURM
U
N
G